u »Sommer mit Krähe« im Unterricht

INHALTSANGABE

u.1

Der Kinderroman »Sommer mit Krähe« von Frida Nilsson erzählt die abenteuerliche Reise von Ebba und ihrem besten Freund Krähe.

Krähe und Ebba machen sich auf den Weg nach Värmland, um Krähes Eltern zu finden, von denen er als Kind getrennt wurde und von denen er nur ein Familienfoto hat. Mutig versuchen sie, per Anhalter dorthin zu trampen. Doch zuerst will niemand sie mitnehmen. Schließlich bietet ihnen ein seltsamer Lkw-Fahrer eine Mitfahrgelegenheit an. Sie sind erleichtert – bis sie herausfinden, dass der Fahrer nonstop nach Frankfurt statt nach Norwegen fahren will. Schließlich finden sie Unterschlupf in einem verlassenen Restaurant, wo sie ein Festmahl genießen und zufrieden unter einem Tisch einschlafen.

Ebba und Krähe beschließen, per Anhalter nach Karlstad weiterzureisen. Sie verstecken sich in einem Lastwagen. Doch der Fahrer entdeckt sie, und nach einer hektischen Flucht landen sie schließlich in Karlstad. Dort treffen sie auf einen französischen Touristen. Ebba und Krähe fahren mit ihm und einer Fahrraddraisine weiter Richtung norwegische Grenze. Nach einer misslichen Wendung, bei der sich der Franzose verfährt, kommen die beiden schließlich in Munkfors an.

Von dort fahren Ebba und Krähe mit der »Ester«, einem Floß, zurück nach Karlstad. Als Ebba sich entscheidet, im Fluss zu baden, springt Krähe kurz entschlossen hinterher, ohne zu wissen, wie man schwimmt. Das führt zu einer dramatischen Rettungsaktion, bei der Ebba ihn aus dem Wasser ziehen muss.

Wieder in Karlstad angekommen, nehmen sie sich ein luxuriöses Hotelzimmer, obwohl sie das Geld für die Rechnung nicht haben. Das Kapitel endet damit, dass Krähe ohne Rücksicht auf die schwierige Lage, in der sie sich befinden, das Hotel verlässt, um in den Nachtclub zu gehen. Nachts bringt er Yvonne, die er im Nachtclub kennengerlernt hat, mit aufs Zimmer.

Am nächsten Tag flüchten Ebba und Krähe aus dem Hotel, ohne ihre Rechnung zu bezahlen, und fahren mit Yvonnes Sportwagen nach Grums. Dort verdienen sich die beiden mit dem Falten von Pizzakartons ihr Essen. Später treffen sie hinter dem Bürgerhaus die Nilzonz, eine lokale Band. Die Musiker nehmen Ebba und Krähe als Tramper in ihrem Tourbus mit nach Årjäng.

In Årjäng treffen Krähe und Ebba auf eine nette Familie, die sie mit dem Auto über die Grenze nach Norwegen bringt. Dort machen sie sich in den Wäldern auf die Suche nach Krähes Eltern. Doch als Ebba sagt, dass sie sich nicht sicher ist, ob Krähes Eltern überhaupt noch leben, wird Krähe sehr wütend. Die beiden streiten sich, und Krähe beschließt, allein weiterzugehen.

Ebba verirrt sich bei der Suche nach Krähe im Wald. Sie bricht zusammen, völlig erschöpft. Zwei Krähen finden sie und helfen ihr. Sie ist verwirrt und erinnert sich nur wenig an das, was passiert ist. Die Krähen sorgen für sie, und als Ebba wieder kräftig genug ist, setzen sie das Mädchen in einen Bus nach Oslo. Im Bus wird Ebba plötzlich klar: Die beiden Krähen könnten Krähes Eltern gewesen sein!

Aufgeregt springt sie aus dem Bus und sucht überall nach den Kräheneltern. Schließlich trifft sie Krähe und erzählt ihm alles – auch, dass sie seine Eltern getroffen hat. Zusammen machen sie sich auf den Weg, um sie wiederzufinden – und sie schaffen es! Krähe sieht endlich seine Eltern wieder, die ihn voller Freude und Liebe willkommen heißen. Sie sind überglücklich, ihn bei sich zu haben, und die drei verbringen viel Zeit miteinander, um all die verlorenen Jahre nachzuholen. Ebba merkt bald, dass sich Krähe entschieden hat, bei seiner Familie in Norwegen zu bleiben. Das macht sie traurig, aber sie versteht, wie wichtig es für ihn ist, bei seinen Eltern zu sein. Beim Abschied schenkt Krähe ihr das Familienfoto als Andenken. Obwohl Ebba allein nach Hause reist, weiß sie, dass ihre Freundschaft mit Krähe immer bestehen bleiben wird.

Im Epilog wird erzählt, dass Ebba nach Hause zurückkommt und merkt, wie sehr sie ihr vertrautes Leben bei ihren Eltern vermisst hat. Der Abschied von Krähe tut weh, aber sie ist froh, dass er in Norwegen bei seinen Eltern ein neues Zuhause gefunden hat. Oft denkt sie an ihre gemeinsame Reise und an die Abenteuer, die sie zusammen erlebt haben. Sie hofft, dass Krähe sie eines Tages besuchen wird, und fühlt sich trotz der Entfernung mit ihm verbunden.

Die Geschichte ist temporeich und wie ein Roadmovie erzählt. Die Reise von Krähe und Ebba steckt voller überraschender Wendungen. Humorvoll und zugleich emotional beschreibt die Autorin, wie die beiden trotz Rückschlägen nicht aufgeben und immer wieder neue Wege finden, die sie ihrem Ziel näherbringen. Besonders Kinder werden die abenteuerliche Reise und die liebenswerten Figuren ins Herz schließen. Ein tolles Buch, das zeigt, wie wichtig der Zusammenhalt und der Glaube aneinander sind!

U.2 LITERARISCHES PROFIL DES KINDERROMANS

Erzählweise

Die Leser:innen begleiten die beiden Protagonisten Krähe und Ebba auf ihrer aufregenden Reise über 162 Seiten, aufgeteilt in zwölf etwa gleich lange Kapitel. Die Geschichte wird aus der Perspektive der Ich-Erzählerin Ebba geschildert, was den Leser:innen einen besonders tiefen Einblick in deren Gedanken und Gefühle ermöglicht. Der Erzählstil ist klar und linear, sodass das Geschehen in einem zeitlich geordneten Ablauf erzählt wird. Die Verwendung des Präsens verleiht der Erzählung eine besondere Unmittelbarkeit, die die Leser:innen mitten ins Abenteuer hineinzieht und die Spannung durchgehend aufrechterhält. So entsteht ein lebendiger und mitreißender Lesefluss, der die Geschichte besonders greifbar macht.

Die Autorin verzichtet bewusst auf verschachtelte und komplexe Satzkonstruktionen, wodurch der Text klar strukturiert und gut verständlich ist. Die Erzählung wird vor allem von lebhaften Dialogen geprägt. Passend zur leichten und zugänglichen Erzählweise ergänzen die Illustrationen von Anke Kuhl das Buch perfekt. Ihre schwarz-weißen Strichzeichnungen sind auf das Wesentliche reduziert und unterstützen die Vorstellungskraft der Leser:innen.

Jedes Kapitel ist in überschaubare Abschnitte gegliedert. Der gedruckte Text wirkt auf die jungen Leser:innen leicht und gut zu bewältigen. Auch die Schriftgröße ist lesefreundlich.

Der Kinderroman »Sommer mit Krähe« weist deutliche Züge einer Fabel auf, da sie Tierfiguren mit menschlichen Eigenschaften in den Mittelpunkt stellt, um universelle Themen und moralische Botschaften zu vermitteln. Die Fabel, eine der ältesten literarischen Gattungen, wird hier auf eine moderne und vielschichtige Weise interpretiert. Im Zentrum der Erzählung steht neben Ebba Krähe, ein Tier, das anthropomorphe Züge trägt. Krähe spricht, denkt und handelt wie ein Mensch. Er zeigt Emotionen wie Freude, Angst und Enttäuschung, aber auch Eigenschaften wie Neugier, Mut und eine Neigung zu impulsivem Verhalten. Seine humorvolle, oft kindliche Persönlichkeit dient nicht nur der Unterhaltung, sondern auch der Reflexion über menschliche Schwächen und Stärken. In der klassischen Fabel repräsentieren Tiere bestimmte Charaktereigenschaften oder Rollen, und auch Krähe erfüllt diese Funktion. Krähen werden in der Literatur traditionell mit Intelligenz, Anpassungsfähigkeit und manchmal mit einer gewissen Listigkeit assoziiert. Diese Eigenschaften prägen Krähes Verhalten und machen ihn zu einem Symbol für Lebensfreude, Individualität und den Wunsch nach Zugehörigkeit. Zugleich verweist er auf die Suche nach Identität und familiären Wurzeln, was die Erzählung über eine typische Fabel hinaushebt. Wie in der Fabel üblich, vermittelt die Geschichte tiefere moralische Botschaften, die jedoch nicht mit erhobenem Zeigefinger präsentiert werden, sondern sich organisch aus der Handlung ergeben. Themen wie Freundschaft, Loyalität, die Bedeutung von Familie und Heimat werden in der Interaktion zwischen Krähe und der menschlichen Protagonistin Ebba greifbar gemacht. Die Erzählung zeigt, dass wahre Freundschaft auch Unterschiede überwindet und dass es Mut erfordert, seinem eigenen Weg zu folgen – oder, wie in Krähes Fall, zurück zu seinen Wurzeln zu gehen.

Die Krähe wird in vielen Kulturen als Symbol für Intelligenz, Übergang und Transformation angesehen. In dieser Geschichte wird sie nicht nur als individuelles Wesen dargestellt, sondern auch als Sinnbild für die Suche nach Zugehörigkeit und Selbstfindung. Durch Krähes Verbindung zu menschlichen Werten und Themen erhält die Geschichte eine tiefere Bedeutungsschicht, die über die einfache Unterhaltung hinausgeht.

Figuren des Kinderromans

Im Mittelpunkt der Geschichte stehen die zwei Freunde Ebba und Krähe, deren unterschiedliche Persönlichkeiten ein spannendes und zugleich unterhaltsames Duo bilden. Gemeinsam ergeben sie ein dynamisches Team, das sich perfekt ergänzt und den Leser:innen zahlreiche Identifikationsmöglichkeiten bietet. Ihre Beziehung steht sinnbildlich für den Umgang mit Gegensätzen in Freundschaften und zeigt, wie Konflikte und Unterschiede die Bindung stärken können.

Krähe, eine ungewöhnlich charmante und zugleich oppositionelle Figur, verkörpert das pure Leben. Mit seiner unbändigen Lust auf Spaß, Abenteuer und impulsive Entscheidungen bringt er Schwung in jede Situation. Gleichzeitig wirkt sein kindliches Verhalten oft chaotisch, was nicht nur amüsante, sondern auch herausfordernde Momente für die Freundschaft mit Ebba schafft.

Ebba ist die Besonnenere. Sie ist zurückhaltend, verantwortungsbewusst und gelegentlich von Krähes exzentrischen Ideen genervt. Doch trotz ihrer Unterschiede verbindet die beiden ein starkes Band: Ebba bewundert Krähes Lebensfreude insgeheim, während Krähe sich auf Ebbas Stabilität verlässt, selbst wenn er es selten zugibt.

Teil der Geschichte sind weitere einzelne Figuren, denen die beiden auf ihrer Reise begegnen, wie zum Beispiel Yvonne oder der Lkw-Fahrer, die – zumindest im erzählten Plot – keine besondere oder zentrale Rolle spielen. Die Erwachsenen werden einerseits als mürrische oder desinteressierte Menschen beschrieben, vor denen sie fliehen oder von denen sie nicht entdeckt werden möchten, aber andererseits auch als nette und fürsorgliche Personen, wie zum Beispiel die norwegische Familie.

Die Figurenkonstellation zeigt ein vielfältiges Netzwerk aus Beziehungen und Interaktionen, die die Themen Freundschaft, Hilfsbereitschaft und Gemeinschaft betonen. Jede Figur bringt ihre eigenen Eigenschaften und Fähigkeiten in die Geschichte ein, was die Erzählung reich und dynamisch macht. Die Hauptfiguren stehen im Zentrum dieses Netzwerks und verkörpern durch ihre Abenteuer die Werte, die Frida Nilsson in ihrem Kinderroman vermitteln möchte.

Sprachlicher Stil

Die Autorin verwendet einige **Vergleiche und Metaphern** (vgl. »Wie Dracula, der sich aus dem Sarg erhebt«, S. 83). Diese bildhaften Umschreibungen geben den Leser:innen die Möglichkeit, das Gemeinte ohne umständliche Erklärungen besser zu verstehen und vor allem auch die gefühlsmäßige Bedeutung zu erfassen.

Frida Nilsson schreibt in einem lebendigen, kindgerechten und mündlich orientierten Stil, der humorvoll und einfühlsam ist. Ihre Sprache ist einfach und klar. Die Sprache ist lebendig und bildhaft, wodurch die Abenteuer für die jungen Leser:innen greifbar werden.

Der Humor ist ein zentrales Element im sprachlichen Stil des Buchs. Nilsson integriert witzige Dialoge und Situationen, die Kinder zum Lachen bringen und die Geschichte auflockern.

Das Buch enthält viele Dialoge, die die Handlung vorantreiben und die Charaktere lebendig wirken lassen. Die Dialoge sind kindgerecht und spiegeln die unterschiedlichen Persönlichkeiten der Figuren wider. Kinder können sich durch die wörtliche Rede besser in die Figuren hineinversetzen und ihre Emotionen nachempfinden. Um die Lesbarkeit der Gespräche zu erleichtern, sind die Redeanteile versetzt gedruckt.

Die Wortwahl ist auf die Zielgruppe abgestimmt, mit einfachen und verständlichen Begriffen. Fachbegriffe oder komplexe Wörter werden vermieden oder kindgerecht erklärt. Lautmalerische Wörter und Geräusche, z. B. »Wrrr-OOO-oommm« (S. 21), sind in die Erzählung eingebunden, um bestimmte Szenen lebendiger und spannender zu gestalten. Dies fördert die Vorstellungskraft und macht das Lesen zu einem multisensorischen Erlebnis.

Die Autorin nutzt dieses Stilmittel, um eine lebendige, anschauliche Atmosphäre zu erzeugen und die Leser:innen direkt in die Szenerie einzubeziehen.

Themen und Motive

Im Mittelpunkt des Kinderromans steht die Suche nach Krähes Eltern.

Realität und Fiktion vermischen sich auf zweifacher Ebene. Zunächst durch die Protagonisten, des Weiteren innerhalb des Plots, als Ebba in Ohnmacht fällt und nicht mehr zwischen Traum und Wirklichkeit unterscheiden kann.

Als zentrale Motive und Themen können außerdem **der verlorene Sohn** und die Suche nach der eigenen **Identität** sowie **Freundschaft** und **Zusammenhalt** genannt werden.

Freundschaft und Zusammenhalt werden in der Geschichte als Wertehaltung nach außen getragen. Gemeinsam scheinen unmögliche Dinge plötzlich lösbar. Die starke Bindung zwischen den beiden Hauptfiguren zeigt, wie wichtig Freundschaft und Zusammenhalt sind, um Herausforderungen zu meistern.

Der verlorene Sohn ist eines der ältesten Motive der Weltliteratur. Es geht auf die biblische Parabel vom verlorenen Sohn im Lukasevangelium (Lk 15,11–32) zurück, die als Archetyp für Themen wie Rebellion, Verlust, Heimkehr und Vergebung dient. In der Literatur wird dieses Motiv immer wieder aufgegriffen und neu interpretiert, um universelle menschliche Erfahrungen zu thematisieren. In der biblischen Geschichte verlangt der jüngere Sohn sein Erbteil vom Vater und zieht in die Ferne, um ein selbstbestimmtes, aber ausschweifendes Leben zu führen. Nachdem er alles verloren hat, kehrt er in Armut und Reue zurück. Der Vater empfängt ihn mit offenen Armen, verzeiht ihm und feiert seine Rückkehr, sehr zum Unmut des älteren, pflichtbewussten Bruders. Die Parabel behandelt zentrale Themen wie Vergebung, Reue, Barmherzigkeit und die unbedingte Liebe eines Vaters.

In der Literatur wird der verlorene Sohn häufig als rebellische Figur dargestellt, die gegen Autoritäten und gesellschaftliche Normen aufbegehrt. Die Flucht aus der Heimat symbolisiert den Wunsch nach Selbstverwirklichung und Freiheit. Der Kinderroman thematisiert mit Krähe diesen Wunsch. Das Motiv des verlorenen Sohnes kann auch kritisch genutzt werden, um starre gesellschaftliche Strukturen und familiäre Verpflichtungen zu hinterfragen. Krähe zeigt auch hier ein eher oppositionelles Verhalten gegenüber den Erwachsenen. Der verlorene Sohn kehrt oft verändert zurück, geprägt von den Erfahrungen seiner Reise. Diese Wandlung spiegelt die universelle menschliche Suche nach Sinn, Selbstverständnis und der Integration von Fehlern wider. In der Literatur ist der Prozess der Veränderung häufig zentraler als die tatsächliche Rückkehr, was das Motiv für vielfältige narrative Ansätze nutzbar macht. Neben Krähe wächst auch Ebba am Ende an der Situation. Die Trennung der beiden führt zu der Erkenntnis, dass das Glück des anderen ebenso erfüllend für eine Freundschaft sein kann wie das eigene, ganz unabhängig davon, ob man nahe beieinander leben kann.

»Sommer mit Krähe« kann als **Entwicklungsroman** gelesen werden, in dem die Hauptfiguren, Ebba und Krähe, durch ihre gemeinsame Reise wachsen und reifen. Die Suche nach Krähes Eltern wird zu einer Metapher für die Suche nach Identität und Zugehörigkeit. Beide Protagonisten entwickeln im Laufe der Geschichte ein tieferes Verständnis von sich selbst und ihrer Beziehung zur Welt. Die Trennung am Ende, obwohl schmerzhaft, markiert einen wichtigen Schritt in ihrer persönlichen Entwicklung und betont den Wert von Veränderung und Abschied als Teil des Lebens.

Krähe, der sich verloren fühlt und seine Eltern sucht, repräsentiert das Bedürfnis, die eigene Herkunft zu verstehen und seinen Platz in der Welt zu finden. Ebba, die ihn auf dieser Reise begleitet, erlebt ebenfalls eine Reise der Selbstfindung. Gemeinsam zeigen sie, wie wichtig es ist, mutig ins Unbekannte aufzubrechen, um Antworten auf die zentralen Fragen des Lebens zu finden.

Das Thema der Flucht kann in diesem Kinderroman als zentrale Handlungsmotivation und Entwicklungsprozess der Charaktere verstanden werden: Flucht vor Verantwortung und Konsequenzen sowie Flucht als Abenteuer. Die Protagonisten fliehen zum Beispiel aus dem Hotel, um die Rechnung nicht bezahlen zu müssen. Die Flucht wird zudem als spannendes und komisches Abenteuer inszeniert. Sie bietet den Figuren die Möglichkeit, über sich hinauszuwachsen und auf ungewöhnliche Weise zusammenzuwirken. Krähes Wunsch, seine Eltern wiederzufinden, gibt der Flucht eine emotionale und tiefere Bedeutung. Es geht nicht nur um das Entkommen, sondern auch um eine Suche nach Identität und Heimat. Das Motiv der Flucht ist eng mit dem Wunsch nach Freiheit und Unabhängigkeit verbunden. Es spiegelt den Drang der Figuren wider, sich aus Normen zu lösen. Durch die übertriebene Darstellung (wie z. B. die Verfolgungsjagd mit Yvonne) wird die Flucht humorvoll überzeichnet und schafft eine lockere, kindgerechte Atmosphäre. Trotz aller Konflikte arbeiten die Figuren während der Flucht zusammen. Sie lösen ihre Probleme gemeinsam, was ihre Beziehung stärkt und verdeutlicht, dass sie trotz aller Unterschiede füreinander da sind.

DEUTUNGSPERSPEKTIVEN

u.3

Der Kinderroman »Sommer mit Krähe« ist nicht nur eine unterhaltsame Abenteuergeschichte, sondern bietet auch eine Vielzahl von Deutungsmöglichkeiten, die weit über die Oberfläche der Handlung hinausgehen. Die Erzählung lässt sich aus verschiedenen Perspektiven betrachten, die tiefere Bedeutungen und Botschaften offenbaren.

Die **Figur der Krähe** ist von tiefgreifender Symbolik geprägt. Sie vereint Gegensätze wie Dunkelheit und Licht, Einsamkeit und Gemeinschaft, Zweifel und Hoffnung. In der Literatur wird die Krähe oft als Sinnbild für Transformation, Weisheit und Widerstandsfähigkeit gesehen. In dem Roman steht Krähe für Individualität und die Fähigkeit, Widrigkeiten zu überwinden. Seine Reise ist nicht nur eine äußere Suche nach seinen Eltern, sondern auch ein innerer Prozess, bei dem er seinen Platz in der Welt findet. Diese vielschichtige Darstellung macht Krähe zu einer zeitlosen Figur, die Leser:innen in verschiedenen Altersstufen anspricht.

Die Abenteuer von Ebba und Krähe verdeutlichen, wie wichtig **Kreativität und Einfallsreichtum** im Umgang mit Herausforderungen sind. Ob sie sich in einem Restaurant verstecken, ein Floß steuern oder aus einer schwierigen Situation fliehen müssen – die beiden zeigen, dass es meist mehr als einen Weg gibt, Probleme zu lösen. Ihre Erfahrungen ermutigen junge Leser:innen, eigene Lösungswege zu finden und Rückschläge als Lernmöglichkeiten zu betrachten.

Die **zentrale Beziehung zwischen Ebba und Krähe** zeigt die Kraft der Freundschaft, die über äußere Unterschiede hinweg besteht. Ihre Verbundenheit wird auf die Probe gestellt, als sie in Konflikte geraten und sich schließlich trennen. Dennoch bleibt ihre Freundschaft intakt und symbolisiert, dass wahre Verbundenheit auch über räumliche Distanz hinweg bestehen kann. Diese Botschaft ist besonders bedeutsam für Kinder, die lernen, dass Abschiede nicht das Ende einer Beziehung bedeuten müssen.

Der Roman besitzt einen hohen **pädagogischen Wert**, da er nicht nur unterhaltsam ist, sondern auch soziale, emotionale und kognitive Kompetenzen fördert. Themen wie Freundschaft, Mut und Empathie werden auf kindgerechte Weise behandelt, während die Abenteuer der Figuren die Neugier und Vorstellungskraft der Leser:innen anregen. Die Geschichte inspiriert dazu, neue Wege zu gehen, Verantwortung zu übernehmen und die Welt mit offenen Augen zu entdecken.

Die **Reise von Ebba und Krähe kann als universelle Metapher** für das Leben gelesen werden. Sie zeigt, dass der Weg selbst oft wichtiger ist als das Ziel. Durch die Begegnungen und Herausforderungen lernen die Figuren, was wirklich zählt: gegenseitiger Respekt, Unterstützung und die Fähigkeit, loszulassen. Diese Botschaft ist für junge Leser:innen besonders wertvoll, da sie ihnen zeigt, wie sie mit Veränderungen und Abschieden umgehen können.

Das **Ende der Geschichte**, an dem sich Ebba und Krähe trennen, verweigert ein klassisches Happy End, das häufig in Kinderbüchern zu finden ist. Stattdessen zeigt es, dass nicht alle Geschichten in einen harmonischen Abschluss münden müssen. Diese realistische Darstellung des Lebens vermittelt Kindern eine wichtige Lektion: Abschiede gehören zum Leben und Veränderungen können neue Chancen und Perspektiven eröffnen.

d Didaktische Überlegungen

d.1 DIDAKTISCHES PROFIL DES KINDERROMANS

Frida Nilssons Kinderroman »Sommer mit Krähe« bietet den Kindern viele Anknüpfungspunkte an ihre Lebenswirklichkeit. Didaktisches Potenzial liegt in der Verknüpfung von vertrauten, assimilativen und eher neuen, akkommodativen Aspekten.* Die vertraute Dimension des Textes, wie etwa die kindgerechte Erzählweise und die Thematik, ermöglicht, dass die Kinder von sich aus einen Zugang zum Buch finden können und dass Anknüpfungsmöglichkeiten für eine eigene Deutung vorhanden sind (Assimilation). Dieser Aspekt bezieht sich auf das lesefördernde Potenzial. Neue, zusätzliche Anforderungen, die das Buch an ein Verstehen der Kinder stellt (Akkommodation), betreffen eher den Bereich des literarischen Lernens. Die Übersicht zeigt, dass der Schwerpunkt dieses Kinderromans auf dem lesefördernden Potenzial liegt. Als Ganzschrift ist das Buch durch die Textmenge und das Anspruchsniveau, je nach Leistungsniveau einer Klasse, für die Klassenstufen 3 und 4 angemessen.

Im Überblick lässt sich das didaktische Profil folgendermaßen skizzieren:

Dimension des Textes	Das Vertraute: Möglichkeit zur Assimilation (Leseförderung)	Das Neue: Notwendigkeit zur Akkommodation (literarisches Lernen)
Wirklichkeitsbezug	▶ Realitätsnahe Schilderung ▶ Fantastische Elemente ▶ Textgattung: Fabel	▶ Fiktionale Geschichte mit realer Grundidee ▶ Irritierende Elemente: Tiere sprechen und sind Teil der Handlung
Thematik	▶ Abenteuer ▶ Identitätssuche ▶ Freundschaft und Zusammenhalt ▶ Eine Reise machen	▶ Konfliktlösungen suchen und finden ▶ Eigene Wege gehen
Figuren	▶ Identifikation mit den Hauptfiguren ▶ Sympathie und Antipathie für die Figuren	▶ Konfliktlösungen suchen und finden
Sprache/Stil	▶ Dialoge	▶ Metaphern ▶ Poetische Sprache (z.B. räuspern, durchnässt)
Bildebene/ Layout	▶ Einfachheit der Zeichnungen ▶ Klarheit der Figuren	▶ Reduzierung der Darstellung und Symbolik
Literarische Formelemente/ Erzählkonzept	▶ Lineares Erzählen ▶ Happy End ▶ Ich-Erzählerin	▶ Fiktive Elemente ▶ Spannungsbogen ▶ Leerstellen

* Vgl. Rank, Bernhard (2005): Leseförderung und literarisches Lernen. In: Lernchancen, 8. Jg., Heft 44, S. 4–9.

METHODENKISTE DEUTSCHUNTERRICHT

d.2

Der Einsatz von Kinderromanen im Grundschulunterricht knüpft im günstigsten Fall an die Vorerfahrungen der Kinder mit Geschichten und Büchern im Kindergarten und in der Familie an und führt diese differenziert weiter. Im Folgenden sind Vorschläge für mögliche Arbeitsweisen mit »Sommer mit Krähe« im Deutschunterricht aufgeführt.

Im Vordergrund steht dabei die Verknüpfung mit anzustrebenden Kompetenzen, wie sie in den von der Kultusministerkonferenz (KMK) verabschiedeten »Bildungsstandards für das Fach Deutsch für den Primarbereich« aufgeführt sind, die die verbindliche Grundlage für alle in den Ländern zu entwickelnden Lehr- und Bildungspläne in der Grundschule darstellen.

In der rechten Spalte geben wir jeweils mögliche Beispiele für eine konkrete Umsetzung im Unterricht. Hier finden sich auch Verweise zu den Kopiervorlagen und Infoblättern in diesem Heft. Zahlreiche methodische Möglichkeiten sprechen mehrere Bildungsstandards an. Wir haben uns zum Zwecke der Übersichtlichkeit jeweils für einen Bildungsstandard des Bereiches 3.3 (»Lesen – mit Texten und Medien umgehen«) entschieden. Häufig lassen sich auch sinnvolle Bezüge zu den Bildungsstandards der anderen Bereiche herstellen.

Bildungsstandards	Methoden	Beispiele
→ Über Lesefähigkeit verfügen		
• Lebendige Vorstellungen beim Lesen und Hören literarischer Texte entwickeln	• Einzelne Kapitel sinngestaltend vorlesen	• Nur den Text vorlesen und Bilder zum Inhalt malen lassen; im Anschluss mit dem Original vergleichen
• Texte sinnverstehend und flüssig lesen	• Im Anschluss an das Lesen den Inhalt mit eigenen Worten nacherzählen	• Im Gesprächskreis das Buch / einzelne Kapitel anhand von Bildern mündlich nacherzählen lassen
	• Texte leise für sich lesen	• Abschnitte allein oder im Lesetandem erlesen lassen
• Selbstgewählte Texte zum Vorlesen vorbereiten und sinngestaltend vorlesen	• Textabschnitte/Textstellen vorlesen	• Die Lieblingsstelle • Die Stelle, die man nicht verstanden hat • Die Stelle, die man am wenigsten gut findet
→ Über Leseerfahrungen verfügen		
• Kinderliteratur kennen: Werke, Autoren und Autorinnen, Figuren, Handlungen	• Fachbegriffe einführen und anwenden, z. B. Titel, Autor:in, Illustrator:in, Verlag, Cover, Zeile, Seite, Text	• Fachbegriffe anhand des Buchs besprechen und anwenden
	• Vergleichendes Lesen	• Fabeln
	• Die Biografie von Frida Nilsson kennenlernen	• Im Internet über die Autorin recherchieren • Das Interview lesen → **i.2**
• Die eigene Leseerfahrung beschreiben und einschätzen	• Zum Inhalt des Textes begründet Stellung nehmen	• Die Handlung einzelner Figuren beschreiben und bewerten → **k.4, k.5, k.7, k.9, k.14**
	• Abschließende Bewertung des Leseerlebnisses	• Feedback-Bogen zum Buch → **k.14**
→ Texte erschließen		
• Verfahren zur ersten Orientierung über einen Text nutzen	• Titel, Titelbild und Umschlagtext untersuchen • Textantizipationen äußern	• Titelbild ansehen und Vermutungen zum Titel äußern → **k.2** • Zum Titel und Titelbild eigene Geschichten schreiben (anschließend Vergleich mit tatsächlichem Handlungsverlauf)
	• Gemeinsames Erlesen der Kapitel	• Erste Leseeindrücke sammeln • Anschlusskommunikation

Bildungsstandards	Methoden	Beispiele
• Verfahren zur ersten Orientierung über einen Text nutzen (Forts.)	• Bilder des Buchs herausgreifen und beschreiben	• Titelbild • Porträt der Hauptfiguren, S. 39 • S. 38, 59, 102, 105, 114, 143, 153
	• Erzählerrede und Figurenrede identifizieren	• Mit verschiedenen Farben markieren
• Gezielt einzelne Informationen suchen	• Fragen zum Text beantworten	• Quiz lösen, Suchsel → **k.2, k.4**
	• Den Textinhalt rekonstruieren	• Einen Lückentext ergänzen → **k.5, k.12** • Satzstreifen ordnen • Bildkarten ordnen
	• Figuren herausarbeiten	• Charakterzüge sowie Eigenschaften und Merkmale der einzelnen Figuren beschreiben → **k.7, k.14**
	• Gedanken und Gefühle der Hauptfiguren herausarbeiten	• Mimik und Gestik der Figuren untersuchen und vergleichen • Gefühle der Figuren untersuchen
• Texte genau lesen	• Veränderten Text vorgeben und mit dem Original vergleichen	• Textstellen überprüfen → **k.6**
	• Unbekannte Wörter suchen, finden und erläutern	• Bedeutung der Wörter klären, z.B. mithilfe des Internets oder eines Wörterbuchs
	• Textabschnitte mündlich zusammenfassen und wiedergeben	• Bei relevanten Stellen der Lektüre, um Verständnis zu sichern
• Texte mit eigenen Worten wiedergeben	• Den Inhalt des Buchs mit eigenen Worten wiedergeben	• Nacherzählen nach Bildern, mit Moderationskarten, Stichwörtern oder Sätzen
	• Überschriften zu den Abschnitten finden	• Mögliche alternative Überschriften sammeln
• Aussagen mit Textstellen belegen	• Aussagen zu einer Fragestellung suchen und Fundstellen angeben	• Ein Kind eine Figur oder eine Szene beschreiben lassen, die anderen müssen sie finden und erraten
• Eigene Gedanken zu Texten entwickeln	• Den Text ohne Bilder vorlesen / dem Text ohne Bilder begegnen	• Die Geschichte ohne Bilder vorlesen • Sich eigene Bilder zum Text ausdenken und zeichnen
	• Leerstellen des Textes ausfüllen	• Was passiert am Ende? Wie geht es weiter? • Was passiert mit den Figuren im Roman? Was machen sie? (Yvonne, der Lkw-Fahrer)
	• Einen Brief an eine der Figuren verfassen, um eine Meinung zum Ausdruck zu bringen	• Brief von Ebba an Krähe → **k.12** • Brief von Krähe an seine Eltern • Brief von Ebba an ihre Familie → **k.5**
	• Ein thematisches Gespräch zum Buch führen	• Was bedeutet für dich Freundschaft? • Wie wichtig ist Zusammenhalt? • Wie wichtig ist es, füreinander da zu sein?
	• Titelbild als Schreibanlass nutzen	• Verfassen einer eigenen Geschichte
	• Erweiterung des Buchinhaltes durch einen veränderten Schluss	• Ebba und Krähe finden Krähes Eltern nicht
• Bei der Beschäftigung mit literarischen Texten Sensibilität und Verständnis für Gedanken und Gefühle sowie zwischenmenschliche Beziehungen zeigen	• Handlungen, Verhaltensweisen und Verhaltensmotive der Figuren bewerten	• Ist das Verhalten von Ebba und/oder Krähe nachvollziehbar? • Wie hätte der Restaurant-Besitzer noch reagieren können?

Bildungsstandards	Methoden	Beispiele
• Handelnd mit Texten umgehen, z. B. illustrieren, inszenieren, umgestalten, collagieren	• Eine Textstelle im Rollenspiel darstellen	• Ganzes Buch oder einzelne Abschnitte
	• Ein Bild oder eine Szene malen oder nachmalen	• Bilder malen zu unterschiedlichen Szenen: Krähe läuft aufgetakelt zur Party, die Suche im Wald • Arbeitsteilig: Jedes Kind übernimmt eine Szene
	• Die Geschichte umschreiben	• Alternative Fortsetzung: Ebba findet Krähe nicht. Was passiert dann?
	• Standbilder prägender Szenen darstellen und erraten lassen	• S. 20 f.: Die beiden Protagonisten stehen trampend an der Straße • S. 58 ff.: Ebba und Krähe fahren auf dem Floß weiter
	• Kreative Schreibideen anbieten	• Akrostichon zu den Themen Reise, Finden, Suchen • Listen schreiben zu Themen und Wörtern aus dem Buch: eine Reise machen
	• Die Geschichte aus einer anderen Perspektive erzählen	• Krähe aus seiner Perspektive • Krähes Eltern aus ihrer Perspektive
	• Das Buch als Stabpuppentheater gestalten	• Mithilfe von Stabpuppen die Geschichte nachspielen
	• Ein Parallel-Buch erstellen	• Mit einem anderen Text ein ähnliches Buch erstellen
→ Texte präsentieren		
• Selbst gewählte Texte zum Vorlesen vorbereiten und sinngestaltend vorlesen	• Eine Lieblingstextstelle auswählen und begründen	• Diese Textstelle gefällt mir besonders gut, weil ... • Diese Textstelle finde ich besonders lustig, weil ...
	• Einen gestaltenden Lesevortrag vorbereiten und üben	• Einen Dialog aus der Geschichte in verteilten Rollen vorlesen
	• Die Geschichte als Theaterstück aufführen	• Mit Standbildern beginnen • Einzelne Szenen auswählen • Aufführung als Abschluss der Unterrichtseinheit bzw. des Projekts
• Die eigene Leseerfahrung einschätzen und beschreiben	• Die eigenen Lesefähigkeiten sichtbar machen	• Leseportfolio anlegen • Reflexionsbogen

d.3 VORSCHLAG FÜR EINE UNTERRICHTSEINHEIT

Einführung

Bilder
Zum Einstieg in die Arbeit mit dem Kinderroman kann das Titelbild oder eine andere Illustration aus dem Buch in die Mitte des Stuhlkreises gelegt werden. Die Kinder äußern sich spontan dazu und antizipieren den möglichen Verlauf der Handlung. Sie können auch Vermutungen zu den Hauptfiguren anstellen.

Rundum-Vorlesen
Schüleraktivierend und ansprechend ist es auch, den Text gemäß der Anzahl der Kinder in Abschnitte zu gliedern und gemeinsam zu lesen. Es erweist sich als didaktisch sinnvoll, dass die Kinder ihre Textstelle vorab durch leises Lesen geübt haben. Des Weiteren könnte man das Buch auch szenisch lesen und jedem Kind eine Erzähler- oder Figurenrolle zuordnen. Der Text wird dann in den verteilten Rollen laut vorgelesen.

Suchanzeige vorlesen
Zur Einstimmung könnte man eine Suchanzeige vorlesen, in der Krähe seine Eltern sucht, und die Kinder frei assoziieren lassen, was in der Geschichte vorgefallen sein könnte.

Rezeption des Buchs

Die richtige Reihenfolge finden
Die prägnantesten Geschehnisse werden stichwortartig auf Karten geschrieben und die Karten von den Kindern in der richtigen Reihenfolge gelegt.

Lapbook
Eine attraktive Alternative zum herkömmlichen Lesetagebuch ist die Erstellung eines Lapbooks. Ein Lapbook ist eine kleinere oder größere Mappe, die sich mehrfach aufklappen lässt und in die kleine Faltbüchlein (Leporellos, Stufenbücher, Kreisbücher usw.), Taschen, Klappkarten, Pop-ups, Umschläge mit Kärtchen usw. eingeklebt sind, sodass sie immer wieder neue Überraschungen bietet. Es ist eine hochmotivierende Präsentationsform für individuelle Lernergebnisse, die anhand von Lernangeboten gesammelt werden.

Ein Spiel zum Buchinhalt: Wir retten uns auf das Floß
Es werden bei 20 Kindern in der Klasse 20 Stühle aneinandergestellt. Die Kinder laufen im Kreis um die Stühle herum. Auf ein Signal hin wird immer ein Stuhl weggenommen. Die Kinder müssen versuchen, bis zum Ende alle Kinder mit auf das Floß zu nehmen, was immer schwieriger wird.

Grammatik im Text
Die Autorin verwendet immer wieder die wörtliche Rede. Die Kinder können den Text in Figurenrede und Erzähltext unterteilen und das szenische Lesen üben.

Schreibanlässe
Produktive Schreibanlässe ermöglichen eigene, kreative Zugänge. Diese können bereits während des ersten Lesens verortet werden: Ein Innehalten auf der ersten Seite könnte zum Beispiel zu kleinen Texten mit der Frage »Was denkst du: Warum sucht Krähe seine Eltern?« führen. Darüber hinaus bieten Schreibanlässe mit Perspektivenwechsel die Möglichkeit, vorhandene Textstrukturen mit dem eigenen Textverständnis zu verbinden. Neben typischen lektürebezogenen Schreibaufgaben bieten Ganzschriften auch die Möglichkeit, Textsortenarbeit sowie Bausteine des Aufsatzunterrichts anzubinden:

- Beschreibungen zu Personen und Gegenständen der Lektüre, die gerade keine ausführliche Beschreibung durch die Autorin erhalten oder die gerade nicht schon in den Bildern dargestellt sind,
- Parallelgeschichten,
- Berichte, Kommentare und Zusammenfassungen
- Wortnetze zur weiteren Verwendung in Schreibaufgaben.

Szenisches Spiel und Standbilder
Mit ein paar Requisiten (z. B. selbstgebastelten Tiermasken oder Stabpuppen) können die Kinder Teile der Geschichte nachspielen. Die Dialoge können von den Kindern nachgespielt und um eigene Dialoge erweitert werden.

Die Kinder können auch Dialoge improvisieren und weiterspinnen. Einfache Standbilder bieten sich ebenfalls an.

Freundschaft und Zusammenarbeit
Ziel ist dabei, die Bedeutung von Freundschaft und Zusammenarbeit zu erkennen. Es wird eine Szene aus dem Buch vorgelesen, die die Freundschaft zwi-

schen Ebba und Krähe zeigt, z. B. als sie sich streiten und Krähe davonzieht. Danach wird mit den Kindern diskutiert, was eine gute Freundschaft ausmacht, beschrieben, wie sich Ebba und Krähe gegenseitig helfen, und erkannt, dass auch Streit ein Teil von Beziehung ist. Die Kinder erarbeiten im Anschluss in Kleingruppen, wie sie Freund:innen in schwierigen Situationen helfen können, und präsentieren ihre Ergebnisse.

Zur weiteren Arbeit mit dem Buch gibt es noch zahlreiche andere Möglichkeiten (vgl. Methodenkiste).

Hinweis:
Ab S. 16 in diesem Heft finden Sie Kopiervorlagen für den sofortigen Einsatz im Unterricht. Dies sind Kopiervorlagen für den Leseprozess zu den Kapiteln bzw. Abschnitten des Buchs sowie Kopiervorlagen, die sich auf den ganzen Roman beziehen.

Lösungen zu den Kopiervorlagen bieten wir auf S. 31 f. an.

Um den vielfältigen Lernvoraussetzungen und Lernwegen der Kinder entgegenzukommen, sind die Kopiervorlagen nach ansteigendem Schwierigkeitsgrad strukturiert, beginnend mit reproduktiven Aufgaben und fortschreitend zu anspruchsvolleren Herausforderungen. Die jeweils letzten Aufgaben enthalten Knobel- und Profiaufgaben, die Transferwissen einfordern und inhaltlich über die grundlegenden Aufgaben hinausführen.

Die Aufgaben können entweder im Klassenverband gemeinsam bearbeitet oder im Rahmen einer Lerntheke angeboten werden. Die Kinder legen dann selbst die Reihenfolge fest, in der sie die Aufgaben bearbeiten wollen, und tragen in einen Arbeitsplan oder in einen Laufzettel ein, welche Aufgaben sie erledigt haben. Im Anschluss können sie ihre Arbeitsblätter in einer Mappe mit selbstgestaltetem Titelbild sammeln.

Auf den Kopiervorlagen werden folgende Symbole zur Verdeutlichung der Aufgabenstellung verwendet:

lesen	malen
suchen	ausschneiden
schreiben	erzählen

Profiaufgaben sind mit einem Stern * markiert.

Die Unterrichtsstunden im Klassenverband können so gegliedert werden, dass jeder freien Arbeitsphase eine Einstimmungsphase vorangestellt wird und nach jeder Arbeitsphase eine Abschlussrunde im Sitzkreis folgt. In der Abschlussrunde können Arbeitsergebnisse präsentiert und Angebote besprochen werden.

Infoblätter

i.1 ZUR AUTORIN FRIDA NILSSON

Frida Nilsson (*1979) ist eine erfolgreiche Kinderbuchautorin, die seit 2004 begeistert schreibt. Ihre Werke, darunter die beliebte »Hedvig-Reihe«, wurden in zahlreiche Sprachen übersetzt und vielfach prämiert. 2019 erhielt sie den renommierten James-Krüss-Preis für internationale Kinder- und Jugendliteratur. Mit ihrem Kinderroman »Sasja und das Reich jenseits des Meeres« wurde sie 2020 mit dem Jahres-Luchs 2019 der Wochenzeitung DIE ZEIT ausgezeichnet.

Werke (Auswahl)

- Frida Nilsson: **Martin & Jack. Von Hundebesitzern, Katzenjägern und der Suche nach dem Glück**. Gerstenberg Verlag 2024.
- Anke Kuhl / Frida Nilsson: **Krähes wilder Piratensommer**. Gerstenberg Verlag 2023.
- Frida Nilsson: **Sem und Mo im Land der Lindwürmer**. Gerstenberg Verlag 2023.
- Torben Kuhlmann / Frida Nilsson: **Sasja und das Reich jenseits des Meeres**. Gerstenberg Verlag 2019.

i.2 INTERVIEW MIT FRIDA NILSSON: »UM EHRLICH ZU SEIN, BIN ICH EHER WIE KRÄHE, UND DAS WAR ICH SCHON IMMER«

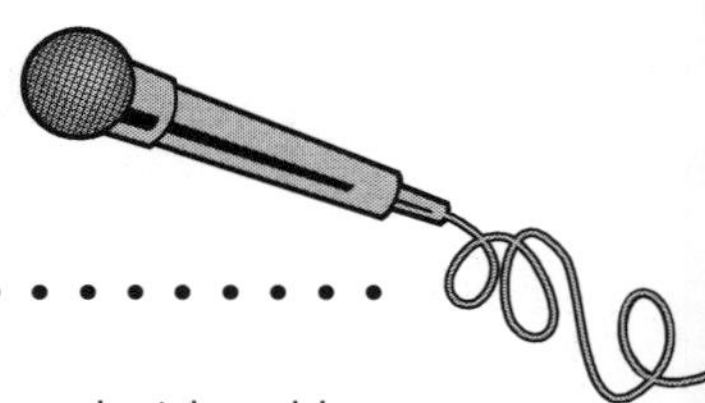

Frida Nilsson über Träume, Abenteuerlust und das Reisen

Liebe Frau Nilsson, haben Sie als Kind von Abenteuern geträumt?

Ich war schon immer eine Träumerin in dem Sinne, dass ich gerne in meiner Fantasie Abenteuer erlebe. Aber damit bin ich ganz zufrieden und brauche keine echten Abenteuer. Und als ich klein war, mochte ich – wie viele Kinder, glaube ich – Sicherheit und Trost/Geborgenheit lieber als die Vorstellung, wie Ebba und Kähe auf eine riskante Odyssee zu gehen.

Wie viel Frida steckt in Ebba oder Krähe?

In beiden steckt ein gutes Stück von mir. Um ehrlich zu sein, bin ich eher wie Kähe, und das war ich schon immer. Aber es ist nicht immer leicht, so kindisch und spontan zu sein wie er, also versuche ich wohl, Ebba zu sein, um mich besser anzupassen.

Wie würden Sie sich in drei Hashtags (#) beschreiben?

#loner #animallover #writer

Trampen Sie?

Nein, niemals, denn das gilt als eine gefährliche Art des Reisens. Am nächsten kam ich der Reise von Ebba und Krähe, als eine Freundin und ich mit ihrem rostigen alten Volvo von Zuhause in Schweden nach Norwegen fuhren. Sie gab mir Fahrstunden und wir wollten nicht nur in unserer Heimatstadt herumfahren, sondern etwas Neues und Aufregendes erleben. Diese Reise hat mich dazu inspiriert, später über Ebba und Krähe zu schreiben.

Was war der Auslöser für Sie, »Sommer mit Krähe« zu schreiben? Hatten Sie eine bestimmte Leserschaft vor Augen?

Die Geschichte wurde zum Leben erweckt, als ich für das schwedische Radio schrieb. Sie wollten eine Geschichte in zehn Episoden, und ich glaube, da es sich um eine Radiogeschichte handelte, habe ich mein Bestes getan, um sie voller Action und Abenteuer zu gestalten, damit die Hörer am nächsten Tag wieder einschalten würden. Ein paar Jahre später habe ich das Drehbuch an einige Verlage geschickt, und einer von ihnen nahm es an.

Die Geschichte könnte auch als Film funktionieren. Was meinen Sie?

(Das) finde ich auch!

Haben Sie eine Lieblingsfigur und eine Lieblingsszene?

Meine Lieblingsfigur ist Krähe, nicht nur weil ich mich mit ihm identifiziere, sondern weil ich denke, dass er so frech und lustig ist – und weil es meine erste Figur war, die je entstanden ist.

Wie stellen Sie sich einen Literaturunterricht mit Ihren Büchern vor?

Ich hoffe, dass meine Bücher, wo auch immer sie gelesen werden, dem Leser oder der Leserin helfen können, für eine Weile zu verschwinden, sich an einen anderen Ort zu begeben und vielleicht sich selbst in dem Text zu erkennen. Ich erinnere mich noch sehr lebhaft an das Gefühl, von einem Buch völlig absorbiert zu werden – und an das etwas leere Gefühl, das es hinterlässt, wenn es vorbei ist.

In der Geschichte hat Ebba eine Krähe als Freund. Warum ein Tier? Warum einen Vogel?

Ich kann es nicht mit Sicherheit sagen, ich weiß nur, dass Tiere in meinen Büchern fast immer auf die eine oder andere Weise vorkommen, seit ich über Krähen geschrieben habe. Es ist jetzt über 15 Jahre her, dass ich ein Buch geschrieben habe, in dem es keine sprechenden Tiere gab. Sie amüsieren mich, das ist alles, was ich sagen kann, und ich selbst fühle mich beim Lesen immer zu Büchern hingezogen, die eine fantastische Wendung haben.

Wie lange haben Sie an dem Buch geschrieben?

Damals war ich schnell. Ich wette, ich habe das Hörspiel / die Radiogeschichte in etwa einem Monat geschrieben. Ich vermisse eigentlich diese Zeit, als ich weniger streng mit mir selbst war. Jetzt brauche ich ungefähr ein Jahr, um ein Buch zu schreiben, das einen ähnlichen Umfang wie »Sommer mit Krähe« hat.

Die Kinder meiner Klasse wollten wissen, wie und wo Sie schreiben und ob Sie wirklich glauben, dass Tiere sprechen können?

Ich sitze in meinem Wohnzimmer, wenn ich schreibe – und zwischen den Arbeitsstunden rede ich ziemlich viel mit meinen drei Hunden. Aber sie haben mir noch nicht geantwortet!

Wie sind Sie zum Schreiben gekommen? Was hat Sie inspiriert, Autorin zu werden? Gibt es ein besonderes Erlebnis oder eine bestimmte Person, die Ihre Entscheidung, Autorin zu werden, beeinflusst hat?

Als ich etwa 18 Jahre alt war, wollte ich unbedingt ein Filmstar werden. Aber niemand wollte mich in einem Film besetzen, also schrieben mein Freund und ich unser eigenes Drehbuch, baten einen Freund, der eine Kamera hatte, es zu filmen – und dann drehten wir unseren eigenen Kurzfilm! Wir schickten ihn zu einem Wettbewerb für Amateurfilmer und gewannen – und danach fragten mich die Typen, die in der Jury saßen – und die Radioproduzenten waren –, ob ich versuchen wolle, für sie Kinderradiosendungen zu schreiben. Ich sagte zu, hauptsächlich weil ich Geld brauchte, und nach ein paar Jahren des Schreibens fing ich an, es wirklich zu mögen.

Was können wir als Nächstes von Ihnen erwarten? Arbeiten Sie derzeit an einem neuen Buch?

Ich arbeite immer an einem neuen Text – aber ich erzähle nie jemandem davon. Ihr müsst also einfach abwarten …

Interview: Anja Schirmer (Januar 2025)
Übersetzt von Regine Schäfer-Munro

i.3 TABELLARISCHE KAPITELÜBERSICHT

Kap.	Seite	Inhalt
1	5–17	**AUFBRUCH** Krähe und Ebba wollen nach Värmland reisen, um Krähes Eltern zu finden, von denen er als Kind getrennt wurde und von denen er nur ein Familienfoto hat. Sie wollen per Anhalter reisen, doch ihre ersten Versuche enden mit einem Misserfolg. Schließlich treffen sie auf einen etwas sonderbaren Lkw-Fahrer, der ihnen eine Mitfahrgelegenheit anbietet. Doch der Fahrer hat andere Pläne als sie und bringt sie in die entgegengesetzte Richtung. Ihre Reise nach Norwegen scheint nun in weite Ferne gerückt.
2	18–29	**FEST** Krähe und Ebba versuchen vergeblich, eine neue Mitfahrgelegenheit nach Norwegen zu finden. Erschöpft und hungrig finden sie Zuflucht in einem verlassenen Restaurant. Sie genehmigen sich ein Festmahl aus den Vorräten, die sie finden. Als der Tag zu Ende geht, schlafen sie zufrieden und erschöpft unter einem Tisch ein.
3	30–42	**NACH KARLSTAD** Sie beschließen, als Nächstes nach Karlstad weiterzureisen, und verstecken sich in einem Lastwagen. Doch der Fahrer entdeckt sie, und nach einer hektischen Flucht landen sie schließlich an ihrem Etappenziel. Dort treffen sie auf einen französischen Touristen, der ihre Reise in eine neue Richtung lenken wird.
4	43–53	**WIEDER FALSCH** Gemeinsam mit dem französischen Touristen setzen Ebba und Krähe ihre Reise fort – dieses Mal auf einer Fahrraddraisine in Richtung norwegische Grenze. Nach einer misslichen Wendung, bei der sich der Franzose verfährt, kommen die beiden schließlich in Munkfors an. Dort wollten sie nicht hin, und so beschließen sie, zunächst zurück nach Karlstadt zu fahren.
5	54–68	**EBBA, KRÄHE UND ESTER** Mit der »Ester«, einem Floß, machen sich Ebba und Krähe auf den Weg zurück nach Karlstadt. Als Ebba sich entscheidet, im Fluss zu baden, springt Krähe impulsiv hinterher, ohne zu wissen, wie man schwimmt. Das führt zu einem dramatischen Moment, in dem Ebba ihm das Leben rettet. Es ist eine Erfahrung, die ihre Verbindung noch weiter stärkt.
6	69–81	**PARTYTAG** In Karlstad angekommen, gönnen sich Ebba und Krähe eine Auszeit und buchen ein luxuriöses Hotelzimmer, obwohl sie gar kein Geld dafür haben. Doch das scheint sie nicht zu stören. Krähe, in seiner typischen Unbekümmertheit, verlässt das Hotel, um in einen Nachtclub zu gehen, während Ebba sich noch mit den Konsequenzen ihrer Entscheidung auseinandersetzt. Die Nacht endet mit einer unerwarteten Wendung: Krähe kommt mit Yvonne zurück ins Hotel.
7	82–92	**ZECHENPRELLER** Ebba und Krähe flüchten aus dem Hotel, ohne ihre Rechnung zu begleichen. Sie fahren mit Yvonnes Sportwagen weiter nach Grums.
8	93–105	**DIE NILZONZ** Nach einem Stadtbummel, bei dem Krähe für allerlei Aufsehen sorgt, finden sie sich in einem seltsamen Job wieder – dem Falten von Pizzakartons, um sich etwas zu essen zu verdienen. Ihre Reise führt sie weiter, als sie hinter dem Bürgerhaus auf die lokale Band »Nilzonz« stoßen. Diese nehmen Ebba und Krähe freundlicherweise in ihrem Tourenbus mit nach Årjäng.
9	106–123	**ÜBER DIE GRENZE** In Årjäng treffen Ebba und Krähe eine nette Familie, die sie bereitwillig über die Grenze nach Norwegen mitnimmt. Doch die Reise wird von Zweifeln überschattet. Ebba äußert ihre Bedenken, dass Krähes Eltern vielleicht nicht mehr am Leben sind, was Krähe in Wut versetzt. Der Streit eskaliert, und Krähe trifft die Entscheidung, allein weiterzureisen. Ebba bleibt zurück, mit einem tiefen Gefühl der Unsicherheit und Trauer.
10	124–136	**BEI FREMDEN** Völlig erschöpft bricht Ebba im Wald zusammen. Zwei Krähen, die sie für gewöhnliche Vögel hält, finden sie und helfen ihr. Doch als sie von den Krähen in einen Bus nach Oslo gesetzt wird, wird ihr plötzlich klar, dass diese Vögel vielleicht mehr sind als nur Tiere. Könnten sie Krähes Eltern sein? Ein Schock trifft sie, als sie erkennt, dass die Begegnung vielleicht kein Zufall war.

Kap.	Seite	Inhalt
11	137–147	**KRÄHE** Ebba springt aufgeregt aus dem Bus und sucht überall nach den beiden Krähen. Schließlich trifft sie ihren Krähe und erzählt ihm alles – auch, dass sie seine Eltern getroffen hat. Zusammen machen sie sich auf den Weg, um seine Eltern zu finden – und sie schaffen es!
12	148–160	**ABSCHIED** Krähe wird von seinen Eltern herzlich empfangen. Es ist ein emotionaler Moment, der für ihn den Abschluss eines langen Kapitels bedeutet. Ebba erkennt, dass sich Krähe entschieden hat, in Norwegen bei seiner Familie zu bleiben. Obwohl es sie traurig macht, dass ihre gemeinsame Reise nun endet, versteht sie, wie wichtig dieser Moment für Krähe ist. Beim Abschied schenkt Krähe ihr das Familienfoto – das Einzige, was er von seiner Familie hatte. Ebba kehrt allein nach Hause zurück, aber sie weiß, dass die Freundschaft zwischen ihr und Krähe niemals enden wird.
Epilog	161–162	**EPILOG** Als Ebba sich ihrem Zuhause nähert, spürt sie eine Mischung aus Heimweh und Dankbarkeit. Sie vermisst die vertrauten Gesichter ihrer Eltern und ihr gewohntes Leben, doch der Abschied von Krähe hat einen bleibenden Eindruck hinterlassen. Oft denkt sie an die Abenteuer, die sie gemeinsam erlebt haben, und an die Tage, in denen sie die Welt ohne ein festes Ziel durchquerten. Sie hofft, dass Krähe sie eines Tages besuchen wird, und fühlt sich trotz der großen Entfernung tief mit ihm verbunden. Die Erinnerung an ihre Reise bleibt in ihrem Herzen, und sie weiß, dass wahre Freundschaft keine Grenzen kennt.

Lesezeichen und Zeilometer

Dieses Lesezeichen ist eine Hilfe, um einzelne Textstellen zu finden oder damit du dich mit deinen Mitschülerinnen und Mitschülern über bestimmte Textstellen unterhalten kannst. Lege dazu einfach das Zeilometer an den oberen Buchrand. Die Zahlen sind dann die jeweiligen Zeilen. Besonders schön wird dein Lesezeichen, wenn du es auf Pappe klebst und bunt anmalst.

Sommer mit Krähe

1. Was gibt es auf dem Bucheinband zu entdecken? Ordne die Wortkärtchen zu.

Autorin

Titelbild

Titel des Buchs

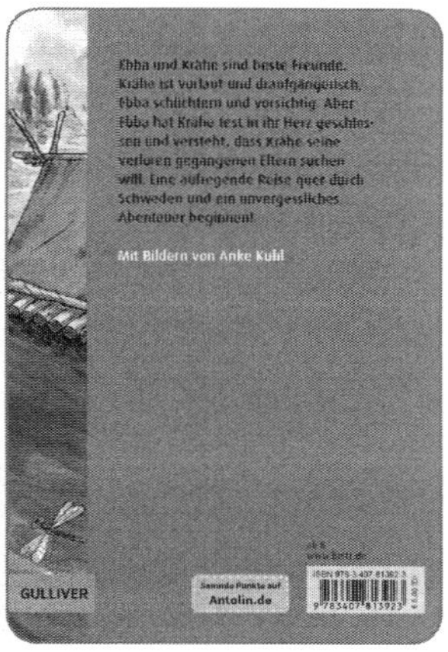

Klappentext

Verlag

2. Im Suchsel sind sechs Wörter versteckt, die auf dem Bucheinband und auf der Rückseite zu finden sind.

a) Finde die Wörter und male sie an.

b) Schreibe die Wörter in dein Heft.

c) Schreibe einen Satz mit jedem Wort in dein Heft und male dazu.

A	R	F	V	G	B	H	N	J	M	K	L
M	S	O	M	M	E	R	K	L	M	J	K
E	R	T	F	G	Z	H	F	R	I	D	A
B	I	L	D	L	O	K	M	L	O	J	L
P	O	L	K	K	R	Ä	H	E	C	V	B
Z	U	N	N	C	V	F	G	E	R	T	Y
O	A	B	E	N	T	E	U	E	R	B	N
N	I	L	S	S	O	N	P	O	I	O	P

3. * **Profiaufgabe:** Der Bucheinband verrät dir schon etwas über die Geschichte.

Hast du eine Idee, welcher Titel noch passen könnte? Erfinde einen neuen Titel und schreibe ihn oben auf ein Blatt. Male darunter das passende Titelbild.

Lösung zu Aufgabe 2: Sommer, Krähe, Abenteuer, Frida, Nilsson, Bild

Unser Plan war, durch die Wälder zu trampen

Krähe und Ebba reisen nach Värmland, um Krähes verlorene Eltern zu finden. Nach erfolglosen Versuchen, per Anhalter weiterzukommen, treffen sie auf einen seltsamen Fahrer, der sie mitnimmt.

1. Ebba hat ihren Eltern einen Zettel auf den Küchentisch gelegt. Lies auf Seite 6 nach und schreibe den Text ab.

____

____

____

____

____

____

2. Was meinst du: Wie reagieren Ebbas Eltern auf den Brief?

a) Tauscht euch zu zweit aus.

b) Besprecht anschließend eure Ergebnisse in der Klasse.

3. Ebba und Krähe planen ihre Reiseroute an die norwegische Grenze. Lies auf Seite 8 nach, welche Orte sie nacheinander aufsuchen wollen. Schreibe sie hier auf.

[ ] → [ ] → [ ] → [ ] → [ ] → [ ] → [ ] → [ ] → [ ] → [ ]

4. Die beiden trampen durch das Land. Welche Gefahren und Probleme könnte das mit sich bringen?

a) Tausche dich mit einem Partnerkind aus.

b) Sprecht anschließend über eure Ideen in der Klasse.

5. * **Profiaufgabe:** Krähe sucht seine Eltern. Er vermisst sie sehr. Schreibe eine Suchanzeige, die bei der Suche helfen soll.

k.4

»Nolwegen liegt nicht auf dem Weg nach Deutschland!«

Krähe und Ebba versuchen weiterhin vergeblich, per Anhalter nach Norwegen zu gelangen. Schließlich finden sie Unterschlupf in einem verlassenen Restaurant, wo sie ein Festmahl genießen und zufrieden unter einem Tisch einschlafen.

1. Wie gut kennst du das Kapitel? Kreuze an, ob die Sätze richtig oder falsch sind. Am Ende ergibt sich ein Lösungswort.

Tipp: Wenn du dir nicht sicher bist, lies noch einmal im Text nach.

	richtig	falsch
Der Lkw-Fahrer möchte nonstop nach Spanien reisen.	☐ K	☐ T
Ebba und Krähe versuchen, trampend nach Norwegen zu gelangen.	☐ R	☐ Ä
Sie finden am Abend Unterschlupf in einem Restaurant.	☐ A	☐ H
Sie haben beide überhaupt keinen Hunger.	☐ E	☐ M
Krähe zaubert einen Burger und Nuggets.	☐ P	☐ Y
Sie trinken Tee und essen einen Schokoladenkuchen.	☐ V	☐ E
Als sie satt und zufrieden sind, schlafen sie ein.	☐ N	☐ R

Lösungswort: ___ ___ ___ ___ ___ ___ ___
1 2 3 4 5 6 7

2. Wo stehen diese Sätze? Schreibe die Seitenzahl und die Zeile in die Tabelle. Nutze dein Zeilometer.

	Seite	Zeile
Der Fahrer war total baff.	19	
Niemand hielt an.		
Wir wissen ja nicht, wo der Fahrer uns abgesetzt hat.		
Wir gingen zu dem Restaurant.		
Krähe war glücklich.		

3. * **Profiaufgaben:**

a) Krähe handelt wie ein Mensch. Überlege dir, wie das Kapitel erzählt werden müsste, wenn Krähe nur so handeln könnte wie ein Vogel. Schreibe das Kapitel um.

b) Warum könnte die Autorin dieses Tier gewählt haben? Überlege, ob man die Geschichte auch mit einem anderen Tier erzählen könnte. Sprecht zu zweit über eure Überlegungen.

Ich dachte, er wäre für immer weg

Ebba und Krähe reisen weiter. Sie verstecken sich in einem Lastwagen. Doch der Fahrer entdeckt sie und sie flüchten. Auf der Weiterreise treffen sie auf einen französischen Touristen, mit dem sie auf einer Fahrraddraisine weiterfahren.

1. In den beiden Kapiteln passiert ziemlich viel.

a) Lies dir die Zusammenfassung durch.

b) Einige Wörter sind verloren gegangen. Setze sie ein.

Ebba und Krähe beschließen, per ______________________ nach Karlstad weiterzureisen. Sie verstecken sich in einem __________________________. Doch der Fahrer entdeckt sie und nach einer hektischen __________________________ landen sie schließlich in Karlstad. Dort treffen sie auf einen französischen ______________________. Ebba und Krähe fahren mit ihm und einer Fahrraddraisine weiter Richtung norwegische ______________________.

Der ______________________ verfährt sich, und sie kommen in Munkfors an.

2. Krähes Familienfoto fliegt durch die Luft und scheint im Fluss verloren zu gehen.

a) Wie fühlt sich Krähe? Warum fühlt er sich so? Tausche dich mit einem Partnerkind aus.

b) Male, was auf dem Foto zu sehen ist.

c) Male dann, was auf deinem Familienfoto zu sehen ist.

3. Schreibe einen Brief im Namen von Ebba an ihre Eltern. Sie erzählt ihnen, was sie tut und wo sie ist.

4. * **Profiaufgabe:** Stell dir vor, Ebba und Krähe verlieren das Foto. Wie würde die Geschichte dann weitergehen? Tauscht euch zu zweit aus.

Zu Aufgabe 1:
Wörter zum Einsetzen: Anhalter, Lastwagen, Flucht, Touristen, Grenze, Franzose

Krähe war mein liebster und bester Freund

Ebba und Krähe fahren mit der Ester, einem Floß, weiter. Krähe geht beim Baden im Fluss fast unter! In Karlstad angekommen, nehmen sie sich ein luxuriöses Hotelzimmer und Krähe geht in einen Nachtclub tanzen.

1. Lies noch einmal die Seiten 59 bis 68. Kreuze an, was stimmt.

- ☐ Sie hat nur ein paar Macken und hier und da blättert die Farbe ab.
- ☐ Sie hat nur ein paar Zacken und hier und da blättert die Farbe ab.

- ☐ Brie ist Käse.
- ☐ Brie ist Kuchen.

- ☐ Krähe und Ebba waren unter die Seefahrer gegangen.
- ☐ Krähe und Ebba waren über die Seefahrer gegangen.

- ☐ Krähe konnte nicht schwimmen.
- ☐ Krähe konnte schwimmen.

- ☐ Ebba rettet Krähe.
- ☐ Krähe rettet Ebba.

- ☐ Krähe war Ebbas liebster und bester Freund.
- ☐ Krähe war Ebbas liebster und bester Bruder.

2. Ebba und Krähe kommen mit ihrem Floß in Karlstad an. Was passiert dann? Schreibe es in dein Heft.

3. Krähe und Ebba können das Hotel nicht bezahlen. Statt nach einer Lösung zu suchen, geht Krähe feiern. Wie würde dein Partytag aussehen? Gestalte eine Einladung oder ein Poster zu deinem Partytag.

4. * **Profiaufgabe:** Ebba und Krähe können ihre Rechnung nicht bezahlen. Welche Ideen hast du, damit sie aus dieser Klemme herauskommen? Besprich dich mit deinem Partnerkind. Schreibt hier eure Ideen auf.

____

____

____

____

____

Die Zeit verging

Ebba und Krähe flüchten aus dem Hotel, ohne ihre Rechnung zu bezahlen. Sie fahren mit Yvonnes Sportwagen nach Grums.

1. Was passiert im 7. Kapitel? Hier sind die Ereignisse durcheinandergeraten.

a) Nummeriere sie in der richtigen Reihenfolge.

b) Schreibe die Zusammenfassung in dein Heft.

- [ ] Sie entkommen mit Yvonnes Auto.
- [ ] Beide schlafen ein.
- [ ] Krähe kehrt spät mit Yvonne aus dem Nachtclub ins Hotelzimmer zurück.
- [ ] Sie erreichen gegen vier Uhr morgens die Stadt Grums.
- [ ] Da sie die hohe Rechnung nicht bezahlen können, versuchen sie, unbemerkt aus dem Hotel zu fliehen.
- [ ] Ebba und Krähe kriechen unter eine Verandatreppe.
- [ ] Sie werden jedoch vom Sicherheitsdienst entdeckt.

2. Du hast jetzt die beiden Hauptfiguren, Ebba und Krähe, näher kennengelernt.

a) Hier findest du Adjektive, die Ebba und Krähe beschreiben. Lies und male die passenden Kästchen für Krähe grau und für Ebba grün an.

b) Beschreibe nun die beiden. Was sind Eigenschaften, die Ebba und Krähe auszeichnen? Erstelle in deinem Heft zwei Personenbeschreibungen.

stolz	unsicher	bodenständig	schwach	vernünftig
klein	stark	alt	groß	ausdauernd
zurückhaltend	traurig	verlässlich	wütend	nett
rechthaberisch	fröhlich	einfühlsam	fürsorglich	chaotisch
lebenslustig	verantwortungs-bewusst	kindisch	bestimmend	abenteuerlustig

3. * **Profiaufgaben:** Ist Ebba eine Spaßbremse? Ist sie langweilig?

a) Was steht im Buch dazu? Lies es einem Partnerkind vor.

b) Hast du auch schon einmal wegen einer anderen Person dein Verhalten geändert? Wie hast du dich dabei gefühlt? Schreibe einen kurzen Bericht in dein Heft.

In der nächsten Minute sprang der Busmotor an

Ebba und Krähe verdienen sich mit dem Falten von Pizzakartons ihr Essen. Die Band Nilzonz nehmen Ebba und Krähe in ihrem Tourbus mit nach Årjäng.

1. Nach einem Stadtbummel, bei dem Krähe für Aufsehen sorgt, verdienen sich die beiden mit dem Falten von Pizzakartons ihr Essen. Was passiert dann? Schreibe es hier auf.

____

____

2. Krähe sorgt in Grums für Aufregung. Schreibe einen Zeitungsbericht.

a) Sammle zuerst mit einem Partnerkind Ideen.

b) Fertige eine Mindmap mit euren Ideen an.

c) Schreibe nun einen Zeitungsartikel über die aufsehenerregende Krähe in Grums in dein Heft.

Info

Zeitungsbericht

1. Schreibe nur auf, was wirklich passiert ist.
2. Schreibe in der richtigen Reihenfolge auf, was passiert ist.
3. Schreibe in der Vergangenheit. (Es geschah am … / Vor einigen Tagen ereignete sich …)
4. Wähle eine passende Überschrift, die das Interesse der Leserinnen und Leser weckt.

Sie sollen erfahren,
- WAS geschehen ist.
- WO etwas geschehen ist.
- WER beteiligt war.
- WANN es geschehen ist.
- WARUM es geschehen ist und WELCHE Folgen es hat.

3. * **Profiaufgaben:**

a) Schreibe das Abc von oben nach unten in dein Heft. Schreibe dann hinter jeden Buchstaben ein Wort, das zu der Erzählung passt. Du kannst auch Wörter aus dem Buch nutzen.

b) Recherchiere: Wer war Elvis Presley? Schreibe auf, was du erfahren hast.

Tipp

Schreibe so:
A – Anfang
B – Bus
…

____

____

____

____

____

Wir waren herzlich willkommen im Bus der Nilzonz

In Årjäng treffen Krähe und Ebba eine nette Familie, die sie mit ihrem Auto über die Grenze nach Norwegen mitnimmt. Die beiden streiten sich und Krähe beschließt, allein weiterzugehen.

1. a) Lies dir die Seiten 108 bis 110 noch einmal durch.

Wer sagt was? Suche die Aussagen im Text. Gib an, auf welcher Seite und in welcher Zeile sie stehen. Schreibe auf, wer das gesagt hat.

Aussage	Wer?	Wo steht das?
Was ist hier denn los?	Ebba	Seite 109, Zeile 8
Hier sind wir, Jungs!		
Wartet!		
Ich wollte euch noch was fragen!		
Keiner von uns heißt Nilzon.		
Wir fanden den Namen einfach cool!		

2. Wie fühlt sich Ebba in diesem Kapitel? Suche einen Beweis für deine Meinung im Text. Schreibe in dein Heft.

3. Krähe ist tief verletzt, als Ebba sagt, dass Krähes Eltern vielleicht bereits verstorben sind. Warum könnte Krähe so reagieren?

a) Besprich dich mit einem Partnerkind.

b) Schreibt eure Gedanken in eure Hefte.

4. Krähe schmollt und haut ab. Er zieht sich zurück. Machst du das auch manchmal? Wenn ja, warum? Wo denkst du nach? Tausche dich mit deinem Partnerkind aus.

5. * **Profiaufgaben:**

a) Suche die Orte, die Ebba und Krähe bereisen, auf der Europakarte. Nutze das Internet oder den Schulatlas.

b) Male eine Landkarte von Schweden und Norwegen und zeichne die Orte ein.

c) Recherchiere zu Schweden und Norwegen. Erstelle zu jedem Land einen Ländersteckbrief.

Ich stand alleine da

Ebba bricht im Wald zusammen. Zwei Krähen finden sie und versorgen sie. Als es Ebba besser geht, setzen die Krähen sie in einen Bus nach Oslo. Doch im Bus wird Ebba plötzlich klar: Die beiden Krähen könnten Krähes Eltern gewesen sein!

1. a) Verbinde die Satzteile.

b) Schreibe die Sätze in dein Heft.

Ebba verläuft sich im Wald, ...	... und bekommt schreckliches Heimweh.
Erschöpft schläft sie ein ...	... sie in einen Bus nach Oslo.
Ebba wird von ...	... und hat Alpträume.
Schließlich setzen die Krähen ...	... als sie auf der Suche nach Krähe ist.
Ebba denkt über den Streit mit Krähe nach ...	... zwei Krähen gerettet und gepflegt.

2. Hattest du schon mal einen Alptraum? Was ist in diesem Traum passiert?
Erzähle es einem Partnerkind oder schreibe es in dein Heft.

3. Stell dir vor, die Krähen hätten Ebba nicht gerettet. Was könnte stattdessen passiert sein?
Schreibe und/oder male die Geschichte anders weiter. Nutze dazu dein Heft.

4. * **Profiaufgaben:**

a) Schreibe die Namen der wichtigsten Figuren aus dem Buch in dein Heft und male sie.

b) Überlege dir, was die Kräheneltern sagen, als sie Ebba finden. Schreibe das Gespräch hier auf.

____

____

____

____

____

____

____

Was hatte ich getan?

Ebba springt aufgeregt aus dem Bus und sucht überall nach den beiden norwegischen Krähen. Stattdessen findet sie ihren Krähe wieder. Zusammen machen sie sich auf den Weg, um seine Eltern zu finden – und sie schaffen es!

1. Lies noch einmal die Seiten 137 bis 147. Beende die angefangenen Sätze, indem du die Kästchen mit den richtigen Antworten ankreuzt.

Ebba verlässt panisch

☐ den Bus. ☐ die Kräheneltern. ☐ den Wald.

Plötzlich trifft sie auf

☐ die Kräheneltern. ☐ Krähe. ☐ Yvonne.

Ebba erzählt Krähe, dass sie

☐ seine Eltern gefunden hat. ☐ zurück nach Schweden will. ☐ zurück nach Oslo will.

Zusammen machen sie sich auf den Weg, um

☐ seine Geschwister zu finden. ☐ seine Großeltern zu finden. ☐ seine Eltern zu finden.

2. Ebba beschäftigt der Streit mit Krähe sehr. Sie traut sich anzusprechen, was sie beschäftigt.
Wer sagt hier was? Ordne zu.

Du, Krähe, ich habe das, was ich gesagt habe, tausend Mal bereut.

Ich eigentlich auch nicht.

Ich glaube, es lag auch an meinem schlechten Gewissen, dass ich ohnmächtig geworden bin. Ich habe nie wirklich daran geglaubt, dass deine Eltern tot sind.

Für mich auch.

Es war irgendwie ungewohnt für mich, dass du so gesellig und charmant sein kannst.

Ich war nur so schrecklich eifersüchtig, als alle Norweger auf einmal deine Freunde waren.

3. * **Profiaufgabe:**
Was könnte Krähe in den fünf Tagen, in denen er von Ebba getrennt war, erlebt haben?
Schreibe es in dein Heft.

Endlich war ich zu Hause ...

Krähe findet endlich seine Eltern wieder. Obwohl Ebba allein nach Hause reist, weiß sie, dass ihre Freundschaft mit Krähe immer bestehen bleiben wird.

1. Zum Schluss gibt es ein Happy End für Krähe. Stell dir vor, dass die Geschichte nicht gut ausgegangen wäre. Erzähle sie anders weiter.
Schreibe und male. Nutze dazu dein Heft.

2. Lies den Auszug aus dem Buch. Ergänze die fehlenden Wörter. Lies dazu auf Seite 161 und 162 nach.

Ich war ______________________. Weil ich wusste, dass ____________________ glücklich war.

Dann schaute ich die Straße hinunter. Dort unten konnte ich das gelbe Haus mit dem

_______________ auf dem Dach sehen. ______________________. Ich spürte, dass es genau der

richtige ______________________. war, zurückzukommen. Ich spürte, dass mein Herz hüpfte und

Purzelbäume machte, wenn ich daran dachte, dass dort drinnen meine ______________________

und mein Papa auf mich warteten.

Ich fing an zu rennen, den ___________________ hinunter. Ich rannte am Schuhgeschäft vorbei,

am Sandwich-Café und am Blumenladen. Ich lächelte, als ich alles wiedersah, es fühlte sich

so _____________ an.

3. Ebba freut sich, wieder zu Hause zu sein. Beschreibe dein Zuhause und den Ort, in dem du lebst.
Male und schreibe in dein Heft.

4. Wie könnten die Eltern reagieren, als Ebba heimkommt? Was erzählt Ebba den Eltern?
Denke darüber nach und tausche dich mit einem Partnerkind aus.

5. Schreibe einen Brief von Ebba an Krähe.

6. * **Profiaufgabe:**
Ebba ist glücklich, obwohl sie auch traurig ist. Kennst du das? In welchen Situationen hast du das schon einmal gefühlt? Oder kannst du dir Situationen vorstellen, in denen man glücklich und traurig zugleich sein kann? Denke darüber nach und tausche dich mit einem Partnerkind aus.

Ritsch! Es wurde totenstill!

1. Zeichne einen Comic zu einem Kapitel deiner Wahl.

Um einen Comic zu zeichnen, musst du bestimmte Dinge beachten.

Entscheide dich zuerst, ob du deinen Comic allein oder mit einem Partnerkind herstellen möchtest.

a) Suche dir ein Kapitel aus, das du als Comic umsetzen möchtest.

b) Überlege, wie viele Bilder du brauchst, und lege ein Storyboard an. Ein Storyboard ist eine Tabelle, in die du zu den einzelnen Bildern Notizen schreibst. Hier kannst du auch schon Ideen für Sprech- und Gedankenblasen ergänzen.

c) Zeichne die Bilder am besten auf ein DIN-A5-Blatt. Wenn es nötig ist, kannst du die einzelnen Bildseiten zum Schluss noch verkleinern.

d) Klebe die Bilder in der richtigen Reihenfolge auf ein Plakat. Verkleinert kann man daraus dann ein Heft machen.

e) Präsentiere deinen Comic deinen Mitschülerinnen und Mitschülern. Besprecht, was besonders gut gelungen ist.

Tipp

So wird dein Comic abwechslungsreicher und künstlerisch ansprechender:

a) Nutze verschiedene Einstellungsgrößen: extrem groß (close-up) und im Detail (extreme close-up), nah (close shot) und weit (extreme long shot).

b) Nutze verschiedene Einstellungsperspektiven: Untersicht (Froschperspektive), Normalsicht, Aufsicht (Vogelperspektive).

c) Nutze Bildmittel und Bausteine der Comicsprache (»KLIRR«, »PENG«, »SCHLUCHZ«).

d) Nutze verschiedene Formate: Quer- und Hochformat, rund …

2. Stellt euch gegenseitig Rätsel zum Inhalt und zu den Figuren des Buches.
Ein Kind beschreibt eine Figur oder eine Szene. Die Klasse muss sie erraten.

3. * **Profiaufgabe:** In dem Buch findet man einige Lautmalereien in verschiedenen Schriften und Größen, z. B. »Ping!« auf Seite 76.

Suche vier weitere Lautmalereien und schreibe in deinem Heft oder Lesetagebuch auf, was sie ausdrücken.

Tipp

Suche auf Seite 16, 26, 32, 33, 34, 38, 45, 77, 81 …

S. 21: »Wrr-OOO-mm! Wrr-OOO-mm! Wrr-OOO-mm!«	Autogeräusch

Feedback-Bogen (1)

Du kennst das Buch »Sommer mit Krähe« nun sehr genau. Jetzt sollst du deine Meinung zum Roman sagen.

1. Welche Figur aus dem Roman fandest du sympathisch? Welche nicht so? Trage Zahlen ein. Die 1 bekommt die Figur, die du am sympathischsten fandest, die 6 die Figur, die dir am unsympathischsten war.

- ☐ Krähe
- ☐ Ebba
- ☐ Yvonne
- ☐ die norwegische Familie
- ☐ Krähes Eltern
- ☐ der Lkw-Fahrer

2. Welche Szene fandest du besonders spannend?

____

____

3. Gibt es etwas, das dir an dem Buch nicht so gut gefallen hat?

____

____

4. Wenn das Buch verfilmt werden würde, welche Rolle würdest du gerne spielen?

________________, weil ______________________________

____

Feedback-Bogen (2)

5. Jetzt ist dein Urteil gefragt! Kreuze an.

	stimmt total	stimmt	geht so	stimmt nicht
a) Die Story des Romans fand ich witzig.	○	○	○	○
b) Ich kann verstehen, dass Krähe und Ebba sich gestritten haben.	○	○	○	○
c) Ich habe gehofft, dass die Geschichte ein anderes Ende nimmt.	○	○	○	○
d) Mit Krähe würde ich gern mal etwas unternehmen.	○	○	○	○
e) Mit Ebba würde ich gern mal etwas unternehmen.	○	○	○	○
f) Mir gefällt, dass die Geschichte gut ausgeht.	○	○	○	○
g) Ich fand die Geschichte zu kurz.	○	○	○	○

6. Wie fandest du das Buch insgesamt?

☐ sehr gut ☐ gut ☐ geht so ☐ nicht so gut ☐ schlecht

7. a) Wie bewertest du das Buch insgesamt auf einer Skala von 1 (sehr schlecht) bis 10 (sehr gut)?

Deine Bewertung: ____ / 10

b) Begründe deine Antwort: ______________________________

____

____

____

____

____

Lösungen

K.2

2.

	S	O	M	M	E	R					
						F	R	I	D	A	
B	I	L	D								
			K	R	Ä	H	E				
	A	B	E	N	T	E	U	E	R		
N	I	L	S	S	O	N					

K.4

1.

	r	f
Der Lkw-Fahrer möchte nonstop nach Spanien reisen.		T
Ebba und Krähe versuchen, trampend nach Norwegen zu gelangen.	R	
Sie finden am Abend Unterschlupf in einem Restaurant.	A	
Sie haben beide überhaupt keinen Hunger.		M
Krähe zaubert einen Burger und Nuggets.	P	
Sie trinken Tee und essen einen Schokoladenkuchen.		E
Als sie satt und zufrieden sind, schlafen sie ein.	N	

Lösungswort: trampen

2. Der Fahrer war total baff. (S. 19, Z. 9)
Niemand hielt an. (S. 22, Z. 1)
Wir wissen ja nicht, wo der Fahrer uns abgesetzt hat. (S. 23, Z. 5)
Wir gingen zu dem Restaurant. (S. 24, Z. 1)
Krähe war glücklich. (S. 25, Z. 24)

K.5

1. Ebba und Krähe beschließen, per **Anhalter** nach Karlstad weiterzureisen. Sie verstecken sich in einem **Lastwagen**. Doch der Fahrer entdeckt sie und nach einer hektischen **Flucht** landen sie schließlich in Karlstad. Dort treffen sie auf einen französischen **Touristen**. Ebba und Krähe fahren mit ihm und einer Fahrraddraisine weiter Richtung norwegische **Grenze**. Der **Franzose** verfährt sich, und sie kommen in Munkfors an.

K.6

1. Sie hat nur ein paar Macken und hier und da blättert die Farbe ab.
Brie ist Käse.
Krähe und Ebba waren unter die Seefahrer gegangen.
Krähe konnte nicht schwimmen.
Ebba rettet Krähe.
Krähe war Ebbas liebster und bester Freund.

K.7

1. 1 Krähe kehrt spät mit Yvonne aus dem Nachtclub ins Hotelzimmer zurück.
2 Da sie die hohe Rechnung nicht bezahlen können, versuchen sie, unbemerkt aus dem Hotel zu fliehen.
3 Sie werden jedoch vom Sicherheitsdienst entdeckt.
4 Sie entkommen mit Yvonnes Auto.
5 Sie erreichen gegen vier Uhr morgens die Stadt Grums.
6 Ebba und Krähe kriechen unter eine Verandatreppe.
7 Beide schlafen ein.

2. a) **Adjektive, die Ebba beschreiben:**
zurückhaltend, vernünftig, bodenständig, verantwortungsbewusst, verlässlich, einfühlsam, fürsorglich
Adjektive, die Krähe beschreiben:
lebenslustig, rechthaberisch, kindisch, bestimmend, abenteuerlustig

K.9

1. Was ist hier denn los? – Ebba (S. 109, Z. 8)
Hier sind wir, Jungs! – Krähe (S. 109, Z. 15)
Wartet! – Krähe (S. 110, Z. 13)
Ich wollte euch noch was fragen! – Krähe (S. 110, Z. 14)
Keiner von uns heißt Nilzon. – Elvistyp (S. 110, Z. 17–18)
Wir fanden den Namen einfach cool! – Elvistyp (S. 110, Z. 18–19)

K.10

1. Ebba verläuft sich im Wald, ... – ... als sie auf der Suche nach Krähe ist.
Erschöpft schläft sie ein ... – ... und hat Alpträume.
Ebba wird von ... – ... zwei Krähen gerettet und gepflegt.
Schließlich setzen die Krähen ... – .... sie in einen Bus nach Oslo.
Ebba denkt über den Streit mit Krähe nach ... – ... und bekommt schreckliches Heimweh.

K.11

1. Ebba verlässt panisch
   - [x] den Bus.
   - [ ] die Kräheneltern.
   - [ ] den Wald.

   Plötzlich trifft sie auf
   - [ ] die Kräheneltern.
   - [x] Krähe.
   - [ ] Yvonne.

   Ebba erzählt Krähe, dass sie
   - [x] seine Eltern gefunden hat.
   - [ ] zurück nach Oslo will.
   - [ ] zurück nach Schweden will.

   Zusammen machen sie sich auf den Weg, um
   - [ ] seine Geschwister zu finden.
   - [ ] seine Großeltern zu finden.
   - [x] seine Eltern zu finden.

2. »Du, Krähe, ich habe das, was ich gesagt habe, tausend Mal bereut.« (Ebba)
   »Ich glaube, es lag auch an meinem schlechten Gewissen, dass ich ohnmächtig geworden bin. Ich habe nie wirklich daran geglaubt, dass deine Eltern tot sind.« (Ebba)
   »Ich eigentlich auch nicht.« (Krähe)
   »Ich war nur so schrecklich eifersüchtig, als alle Norweger auf einmal deine Freunde waren.« (Ebba)
   »Es war irgendwie ungewohnt für mich, dass du so gesellig und charmant sein kannst.« (Ebba)
   »Für mich auch.« (Krähe)

K.12

2. Ich war glücklich. Weil ich wusste, dass Krähe glücklich war.
   Dann schaute ich die Straße hinunter. Dort unten konnte ich das gelbe Haus mit dem Turm auf dem Dach sehen. Mein Haus. Ich spürte, dass es genau der richtige Zeitpunkt war, zurückzukommen. Ich spürte, dass mein Herz hüpfte und Purzelbäume machte, wenn ich daran dachte, dass dort drinnen meine Mama und mein Papa auf mich warteten.
   Ich fing an zu rennen, den Hügel hinunter. Ich rannte am Schuhgeschäft vorbei, am Sandwich-Café und am Blumenladen. Ich lächelte, als ich alles wiedersah, es fühlte sich so neu an.